Daniel Rüther

Liebe & Einsamkeiten

Gedichte

Impressum
Rüther,Daniel: Liebe & Einsamkeiten
© Daniel Rüther 2010
Herstellung und Verlag: Books on Demand GmbH, Norderstedt
ISBN: 9783842330719

Für meine Freunde

Einsamkeiten

Ich hab zu viele Einsamkeiten
gesammelt wie Schmetterlinge
Aufgespießt
Vertrocknet
Verstaubt
Unter Glas
Nichts zu sehen
Spiegelglas
Panzerglas
Verloren und sicher ?

Zerstörerische Gedanken
Leere
Rasierklingenscharf
Blutrot
Ausgeblutet
Vergessen
Vertrocknet

Verödete Gedanken
Lieblos gedacht
Hilflose Selbsterkenntnis
Allein

Freiheit

Die große Freiheit,
Ungebunden
Wie ein Adler,
Der sich auf seinen Schwingen
Tragen lässt.

Ich fühle mich frei,
möchte mich erheben,
Mich tragen lassen
Von meinen Gefühlen.

Doch gefangen,
Eingeengt
Von der Realität,
Brutal
Erlebt.

Kampf

Wir müssen uns
Befreien,
Nicht alles
Ungesagt lassen,
Sondern kämpfen
Für die Individuelle
Freiheit
Des Einzelnen.

Ein kostbares Gut
Für jeden
Von uns.

Nur Dich....

Wie kann ich leben
Ohne Dich...
Wie kann ich hoffen
Ohne Dich...
Wie kann ich glücklich sein
Ohne Dich...

Du bist der Punkt,
um den die Welt sich dreht !

Vorbei

Ich habe Dir vertraut,
Doch du hast alles zerstört.
Nur wenige Worte reichten aus,
Und wir standen hilflos da.
Jetzt bedauerst Du,
Doch rettet das jetzt auch nichts mehr.
War es das wert ?
Ich glaube nicht,
Denn wir beide haben etwas verloren,
Was uns viel bedeutet hat.
Nun ist es zu spät.

Traue Dich

Die Einsamkeit aussperren
Das Erleben genießen.
Selbstüberwindung.
Den Mut aufzustehen,
Den Willen aufzuwachen,
Das Leben zu leben.
Glücklichsein.

Träume Wirklichkeit werden lassen
Erfahrungen machen
Riskieren zu verlieren

Denn wenn man lebt
Was man fühlt,
Denkt, träumt,
Kann man nicht verlieren.

Alles Anders

Zweifelhafte Worte
Fragende Gesten
Verwischte Mimik
Klirrende Gefühle

Alles wurde anders
Gedacht wie Vergangenes
Maulwurfhügel
Verträumt

Und nun ?

Gescheiterte Liebe
Zerbrochene Hoffnungen
Verirrte Gedanken
Vergebliche Versuche
Falsche Bemühungen
Geträumte Wirklichkeiten
Getäuschte Realität

Und nun ?

Die Zeit

Die Zeit verrinnt
Und zieht unaufhaltsam
                    vorbei.
Gestern noch Kind,
Heute längst Erwachsen.

Gestern noch gespielt,
Heute schon das Spielen
                    verlernt.
Und wir verändern uns
Zusammen mit der Welt,
Die sich unaufhaltsam dreht
Und uns ein bisschen Ewigkeit
                    verspricht.

Vergangene Zeiten

Der Wind
Treibt totes Laub
Durch die traurigen Gassen
Der sterbenden Stadt
Hie und da
Ein müdes Licht
Ohne viel Kraft
Sterbend
Unter dem blassen Mond.
Keine Hoffnung auf Morgen.
Der Glanz der Vergangenheit
Längst vergessen.

Morgens

Ich stehe vor meiner Tür
Und atme tief.
Sauge die Luft in meine Lungen.
Der Morgen,
Klar,
Ein bisschen nebelig,
Steigt auf,
Aus dem Dunkel der Nacht.
Die ersten Vögel fangen an,
Ihre Lieder zu zwitschern.
Das mich umgebende,
kräftige Grün,
Betäubt meine Sinne.

Langsam gehe ich durch die noch leeren Straßen
Und sehe die Welt erwachen.
Diesen Morgen erleben,
Zu erleben, wie die Sonne Ihre Kraft verschenkt,
Ist Glück.

Auf dem Weg

Auf dem Weg
Wohin ?
In eine gelebte Vergangenheit
In eine leichte Zukunft
Den Weg den ich so oft ging
Fast Gewohnheit geworden
Heute
Ein Abenteuer
Neu
Und aufregend

Kino

Du sitzt neben mir,
Ich halte deine Hand.
Ein Traum
Ist Wirklichkeit geworden.
Der Film auf der Leinwand,
Interessiert mich
Lange schon nicht mehr,
Ich sehe nur noch Dich
Und spüre das Zittern
Deiner Hand.
Als wir das Kino verlassen,
Fragst Du mich,
Ob ich den Film gemocht habe.
Ich sage „Ja"
Und küsse Dich.
Und sage Dir, dass ich Dich liebe.

Schlussstrich

Du sagst
Ich brauche Dich,
Doch ich weiß längst
Nur leere Worte.

Du sagst
Ich liebe Dich,
Doch ich weiß längst
Deine Selbstsucht frisst Dich auf.

Warum kannst Du
Nicht einfach gehen,
Dinge einfach
Ungesagt lassen

Lass uns endlich
Einen Schlussstrich ziehen,
Nicht mehr
Zurückblicken.

Wir leben doch nur
von Erinnerungen
An ferne
Glückliche Tage.

Gehe
Solange noch Zeit ist,
Solange wir noch nicht
Ertrinken im Streit.

Ich denke gerne
An Dich zurück,
Doch lass uns beenden
Was nicht mehr sein kann.

Einsam

Verloren,
In einer grauen Welt.
Keine Kraft sich zu befreien.
Von einer Gesellschaft
Die Außenseiter schafft
Und sie verdrängt.

Gelernte Einsamkeit
Gewohnheit geworden.
Keinen Mut mehr.
Zu schwer enttäuscht
Von der Gleichgültigkeit
Die langsam größer wird
Wie ein bösartiges Melanom.

Nicht zu bekämpfen.
Keinen Einhalt zu gebieten.
Grausam,

Stark.

Ich sehe Menschen

Ich sehe Menschen fliehen,
Ich sehe Menschen, die Angst haben,
Ich sehe Menschen Steine werfen,
Ich sehe Menschen, die zusehen
Ich sehe Menschen, die Beifall klatschen
Ich sehe Menschen, die verletzt sind,
Ich sehe Menschen, die leben wollen,
Ich sehe Menschen, die so etwas nicht verstehen.

Und ich habe Bilder aus der Vergangenheit
Vor Augen,
Habe Angst vor dem, was vielleicht kommt,
Habe Angst, dass auch ich irgendwann mal
Schweigen muss.

Noch sehe ich Menschen.......

Distanz

Graue Stille.
Ungewollte Einsamkeit.
Versteckte Angst.

… zu viel Nähe
… zu viel Gefühle
… zu wenig Worte …

Distanz.

Sicherheit versprechend.

Gefunden

Auf einmal stehst Du vor mir,
Auf offener Straße
Ohne Deckung
Und wir sehen uns in die Augen.

Die Sekunden des Innehaltens
Werden zu Stunden des Ausharrens

In diesem kurzen Augenblick
Geschieht mehr mit mir
Als man je' beschreiben könnte!
Ein wortloses Aneinandervorbeigehen
War unmöglich geworden,
Und so gingen wir zusammen,
Uns näher kennenzulernen.

Lächeln

Ein Wort
Eine Tat
Ein Lächeln
Kann so viel verändern
Und soviel Gutes tun
Darum rede und tue etwas
Und das Wichtigste:
Vergiss das Lächeln nicht.

Und das Leben geht weiter...

Damals nach der Trennung
Dachte ich,
Niemals könnte ich dich überwinden.

Und tatsächlich!
Überwunden habe ich Dich nicht.
Ich arbeite noch daran.

Und dann eines Tages
Habe ich gemerkt,
Das Leben geht auch ohne dich weiter.

Es ist schwer.
Allein, ohne den Menschen, den man liebt
Aber die Hoffnung bleibt
Und macht das Leben manchmal erträglicher.

Eine zusammengebrochene Welt
Muss wieder aufgebaut werden.
Ohne Dich, ohne uns.

Tag für Tag

Was fehlt ?

Was fehlt mir noch zum Leben?

Hoffnung?
Liebe?

Vielleicht ein wenig Verständnis,

Ein bisschen mehr Wärme.

Ja, auch von Dir,
Der Du immer Toleranz predigst.
Toleranz ist leichter zu verwirklichen
Als Verständnis.

Und Wärme könne wir alle brauchen.

Innere Ruhe

Im Meer spiegelt sich
Der Schein
Der untergehenden Sonne.
Die Wolken
Blutrot.
Ein Moment voller Erinnerungen.

Die Zeit scheint gefangen
In diesem Augenblick.
Momente werden zur Ewigkeit!
Gedanken an ferne Dinge
Beherrschen diese Zeit
Der inneren Ruhe.

Schritte

Jeder Schritt
Ein Weg in die Vergangenheit.
Mit jedem Schritt
Die Veränderung verdrängt.
Bald im Gestern
Das Heute erkannt
Und versucht
Es wieder zu verdrängen.
Mir scheint,
Ich könnte jetzt klingeln bei Dir,
Und alles
War nur ein Traum.
Alles wird sein wie damals.
Doch ich reiße mich wieder zusammen,
Versuche der Trance
Zu entkommen.
Sage mir
Das Gestern
Wird immer gestern bleiben.
Jeder weitere Schritt
Bringt mich der Realität
Wieder ein bisschen näher.

Fesseln

Dein geheimnisvoller Blick,
Der in mich dringt
Bewegt mein Innerstes.
Deine blauen Augen
Verzaubern,
Fesseln
Mich, an Dich

Leben

Leben Leben Leben Leben Leben Leben Leben Leben
Leben Leben Leben Leben Leben Leben Leben Leben
Leben Leben Leben Leben Leben Leben Leben Leben
Leben Leben Leben Leben Leben Leben Leben Leben
Leben Leben Leben Leben Leben Leben Leben Leben
Leben Leben Leben Leben Leben Leben Leben Leben
Leben Traum Leben Leben Leben Leben Leben Leben
Leben Leben Leben Leben Leben Leben Leben Leben
Leben Leben Leben Leben Leben Leben Leben Leben
Leben Leben Leben Leben Leben Leben Leben Leben
Leben Leben Leben Leben Leben Leben Leben Leiden
Leben Leben Leben Leben Leben Leben Leben Leben
Leben Leben Leben Leben Leben Leben Leben Leben

Neue Wege

Salz im Blut des flüchtigen Windes. Stille. Die Ruhe des Momentes in der Seele. Die Tiefe der unendlichen Weite des blauen Meeres bringt Stimmung der Trauer in meine Gedanken. Unser Raum war bemessen, unsere Zeit zu schnell erlebt. Enge. Hoffnungslosigkeit ohne Flügel. Fesseln. Verlorene Unsterblichkeit. Wir nahmen uns den Atem des Vertrauens und spielten mit uns und unseren Grenzen.
Das Leben ist zu kurz um Ewigkeit zu gebären. Ich denke noch oft an unsere kurzen Augenblicke der Gemeinsamkeit.
Liebe.
Du gingst ohne ein Wort des Versuchens, ohne suche nach Verständnis, ohne schmerzliche Wunden zu versorgen. Das Verzeihen war unmöglich geworden und ließ die Tropfen des Regens verdunsten. Ruhelose Freiheit. Ruhelos und frei. Verlangen, das nicht aus Verzweiflung lebt, sondern für uns allein.
Liebe. Verlassen ohne ein bedauerndes Wort. Worte die befreien. Bist mit dem Wind gegangen, der nur eine Böe war. Hast mir gezeigt was es bedeutet sich fallen zu lassen und in Liebe zu ertrinken. Der Mond erhellt das Dunkel. Unser Dunkel. Wo ist der Mond?
Verzweiflung.
Du zeigtest mir, wie man Träume erlebt, wie man sich in

der Liebe ergibt. Meine Sehnsüchte hatten keinen Boden in der Wüste der Empfindungen. Verdorrte Gefühle. Du sagtest es ist zu spät. Für was? Versunken im Geist der gemeinsamen Spiele. Oh Geliebte.

Liebe.

Gabst mir keinen neuen Morgen, keinen zweiten Sommer, den wir gemeinsam tanzten. Alltäglichkeit höhlte den Boden unter uns zu morschem Gestein. Ein fortwährendes Bröckeln, dem Du gute Stützen gabst. Tarnung. Fallgrube. Warum quält mich das Leben? Warum kein Mondschein in der dunklen Nacht? Warum keine Antwort auf mein flehen? Wo ist der Mond?

Ein Vogel steigt auf über das Meer, mir scheint er war ein stiller Zeuge. Er schreit. Er will nicht länger schweigen. Er kann nicht länger schweigen.

Liebe.

Ich erfriere an der Einsamkeit. Ertrinke am Alleinsein. Du warst mir Vertraute und Freund zugleich. Ergriffen schweigt der Wind für einen kleinen Augenblick.

Ich möchte keine Erinnerungen mehr. Ein einsamer Wolf in einer Herde desillusionierter Schafe. Steppenwolf.

Kann ich fliegen? Schwingen des Wahnsinns, und unter mir das Nichts. Verloren. Vorbei.

Liebe.

Ich werde versuchen aufzustehen, meinen Weg alleine zu finden. Wo ist der Mond?

Dunkelheit. Keinen Morgen wird wieder die Sonne aufgehen wie damals. Keine Blume wird duften wie früher. Melodien. Er gehört zu mir? Versprechen. Und doch nur Worte, die immer nur Worte bleiben werden. Wohin geht der Weg? Er führt ins Nirgendwo. Irgendwo da vor uns. Er begann bei Dir. Ohne Kompass, ohne Karte. Orientierungslos. Eine Fledermaus im Schein der Sonne. Der alte Mann und das Meer. Der Junge und die Hoffnung. Der Beginn des Untergangs, Anfang vom Ende.

Liebe.

Ertrinkende auf einem Floß. Eine Rose. die Ihre ausgedörrten Blätter im Wind der Träume verliert. Die Welt ist neu geboren, tausend Tode gestorben...

Endpunkt

Nah am Abgrund, blicke ich in die Tiefe und sehe die Wellen stetig gegen die zerklüfteten Felsen rollen. Die Gischt steigt empor, will hinauf, hoch gen Himmel, schafft es aber nicht, scheitert und fällt traurig wieder in sich zusammen.

Immer und immer wieder dasselbe Schauspiel, dasselbe Spiel der ewigen Gezeiten.

Die Tiefe zieht mich wie magisch an. Wie hoch mag ich wohl stehen, wie tief werde ich fallen?

Ein heftiger Windstoß schafft es fast mich umzuwerfen, doch ich vermag mich so fest in den Boden zu stemmen, dass ich mich halten kann.

Hinter mir liegt das dunkle Land der Erinnerungen, vor mir das Licht und das Nirgendwo und langsam kommt jetzt wohl der Zeitpunkt, an dem ich mich entscheiden muss.

Das Land der Erinnerungen, das mir jeden Traum nahm, den ich wagte zu träumen?

Oder das Nirgendwo dort vor mir, von dem ich nicht weiß, wohin es führt oder was ich dort finden werde. Ich konnte jetzt schon spüren, dass der Reiz des Unbekannten siegen würde.

Hinter mir bellt ein Hund gegen den Wind an.

Hier oben stehe ich wie ein großer Eroberer, der stolz auf sein neues Reich blickt. Tief sauge ich die Luft der See in meine Lungen. Ein salziger Film legt sich auf meine Zunge, so würde das Nichts schmecken. Mein Weg.

Hinter mir ruft ein Mann seinen Hund, der wohl freudig seine Freiheit genießend durch das taunasse Gras rennt, immer auf der Suche nach etwas, was er jagen kann.

Eine kleine Schar Möwen segelt trotzig elegant auf den Schwingen des Windes, sie schreien, ohne dass ich erkennen kann warum. Sie scheinen zu warten, mich aufmerksam zu beobachten. Hinter mir liegt die Heimat, vor mir die Zukunft. Wie eine magische Hand umklammert mich das wohlige Nichts und ich lasse mich wie eine Möwe oben im Himmel einfach in den Wind fallen.

Und ich fliege.

Ich bin frei.

Nah am Abgrund blickt ein kleiner Hund in die Tiefe, der neugierig beobachtet, wie die Wellen das Blut wieder von den Klippen waschen. Hechelnd kommt ein Mann gerannt und sieht fassungslos in die Tiefe. Ihm wird Übel. Er übergibt sich.

Aber ich bin endlich frei.

Heimweg

Wie Schatten in einer mondhellen Nacht zogen ihre Erinnerungen an ihrem inneren Auge vorbei. Sie starrte in die Dunkelheit des Gestern, wie ein Film lief alles ab, trübe wie durch Milchglas sah sie die Bilder. Fetzen. Bruchstückhaft. Es war Winter und eine dünne Schicht aus Schnee bedeckte die Häuser und die Wiesen, die an ihr vorüberzogen.

Der volle Mond schien ihr nach Hause zu leuchten, und sie war froh das er sie nicht vergessen hatte.

Der Mond oben in der Unendlichkeit des Nichts, die Sterne die Unsterblichkeit versprechen im tiefen Nirgendwo. Der Zug fuhr vorbei an leeren Bahnhöfen, die Zeit schien zeitlos, immer weiter über Brücken und durch dunkle Tunnel. Dadam, dadam ratterten die Räder schwer über die Schienen, zurück aus der Vergangenheit in die Zukunft, die mit dem Schicksal tief verbunden bleibt. Zufall? Irgendwo dort draußen wurde gelebt und gestorben, gedacht und gelacht, die Alltäglichkeit, die auch sie bald wieder einholen würde, dann wenn sie ihr Ziel erreicht haben würde und daheim ist. Daheim. Etwas Wärme und Verständnis, und die Tiefe an der es nie fehlt, das bisschen an dem man immer hängen bleibt, auch wenn viele Menschen sich nicht mehr richtig erinnern können, denn wir leben in einer zu schnellen Zeit, eine Zeit ohne Vergangenheit und Zukunft, denn man hat verlernt zu leben und man kann sich nicht mehr daran erinnern, wie die Bedeutung des Wortes Heimat ist. Wir spielen mit dem Leben, ungeahnte Möglichkeiten, doch sind wir deshalb glücklicher? Irgendwann wachen wir auf und vielleicht ist es dann schon zu spät, haben uns zu Göttern erhoben.

Ihre Gedanken schweiften weit ab, und schienen sich nicht mehr um das Geschehene zu sorgen, schienen keinen Respekt zu haben vor der Realität.

Ignoranz, dieses Wort klammerte sich in ihren Gedanken fest. Ignoranz war das Wort, welches sie die ganze Zeit gesucht hatte. Bald würde sie zu Hause sein, in der Küche am warmen Ofen sitzen, und ihrer Mutter vom Geschehen berichten. Sie wird weinen. So wie sie selbst auch. Und doch wusste sie sofort, dass es kein Verständnis geben würde. Sie brauchte kein Verständnis, sie brauchte eine Hand die die ihre hielt, und von der sie wusste, dass sie nicht gleich wieder losgelassen werden würde. Suchte sie endlich Sicherheit?

Es war schon komisch, der Mensch ist immer auf der Suche, und wenn er das Gesuchte gefunden hat, gibt es keine Zufriedenheit, sondern ein neues Suchen, eine endlose Schleife, ohne Anfang, ohne Ende.

Gab es ein Leben danach?

Vielleicht. Aber noch nicht jetzt. Ein Vergessen würde es nie geben. Aber Hoffnung. Es ist schön wenn an irgendwo nach Haus kommen kann.....

Furcht

Was tut er?
Er ist so ruhig, so kontrolliert.
Er blickt nicht auf.
Hab ich auf irgendetwas nicht geachtet?
Ist mir etwas entgangen?
Man muss vorsichtig sein.
Jetzt zucken seine Mundwinkel.
Beginnt er zu lächeln?
Warum?
Jetzt hebt er die Hand.
Will er mich schlagen?
Er öffnet seine Lippen
Und nimmt mir den Sieg:
„Schach matt".

Das Glück

Was ist Glück auf dieser Welt,
Ehre, Ausseh´n oder Geld?
Wonach richten wir uns alle
in diese ganz besond´ren Falle?
Was bedeutet Glück für jeden,
für wen ist was denn Garten Eden?
Sagen kann man´s nicht speziell,
ist wohl doch universell.

Eine Wolke

Eine Wolke am Himmel,
sonst ist er blau,
Wohin ist sie des Weges?
Ich noch lang nach ihr schau.

Die Wolke bist Du,
ohne dich ist es leer.
Wohin du auch treibst,
ich seh´ hinterher.

Der Baum

Wie lang du schon stehst,
wie tief sind deine Wurzeln,
was du schon gesehen
in all der Zeit

Es kommt schleichend und schnell
und heimlich dein Ende.
Und damit für uns alle
das Ende, der Tod

Sommer

Die Sonne scheint
ganz hell, ganz warm,
Die Amsel singt
und springt ganz zahm,
Die Schmetterlinge fliegen, flattern,
Die Bienen summen, die Gänse schnattern.
Die Katz versucht die Maus zu kriegen,
nerven tun mich nur die Fliegen.
Die Mücken stechen mich ins Bein,
ach, mag doch immer Sommer sein.

Herbst

In den Bäumen lastet der Wind,
Die Blätter wehen hernieder,
das Laub ist kunterbunt,
und es regnet auch mal wieder.
Der Sommer war schön,
nun ist er vorbei,
die Nächte kommen viel schneller,
die Tage nur zögernd herbei.
Doch so dunkel und grau,
wie man immer sagt,
ist's nun doch nicht,
wenn ihr mich fragt.

Winter

Frierend steh´n die Leute,
draußen ist es weiß,
sehr kalt ist es heute,
und, so weit ich weiß,
bleibt es länger auch noch so.
Nun ist auch nicht mehr so weit,
bis sie beginnt,
die Weihnachtszeit.

Frühling

das Grün ist frisch,
die Kälte überwunden,
auch wenn man´s nicht glaubt,
wir haben uns gefunden.
Dies ist die Zeit,
die Zeit der Verliebten,
sie sind im Himmel,
und ich glaube im Siebten.
Das Gezwitscher der Vögel
beginnt allmählich wieder
und mit frischer Kraft
singen sie ihre Lieder.

Kalte Nacht!

Der Regen nieselt,
leise prasselnd,
auf meine Fensterscheibe.
In kleinen Bächen
Wie Flüsse ohne Ziel
bahnen sich die Tropfen ihren Weg.

Dieser Freitag
verregnet
kalt
wird in meiner Erinnerung
fest verwurzelt einen Platz finden
denn heute starb etwas in mir
ohne Nährboden einfach verdorrt
unwiderruflich vorbei.

Der erste Blitz
durchzuckt die dunkle Nacht
und in weiter Ferne
ein Grollen.

Schlaf wird wohl heut' Nacht
eine unerreichbare Erlösung sein.

Sommernachtstraum

Silbrig glitzernd spiegelt sich der blasse Mond
in der unendlichen Weite des Ozeans
leise plätschern die Wellen
auf und nieder
auf und nieder
im ständigen Tauziehen der Gezeiten
und unter dem Einfluss
des warmen Windes der Geborgenheit
halte ich dich
und Träume....

Ein neues Leben

Musik dringt an mein Ohr,
unser Song erklingt,
dein Bild steht vor mir.
Längst vorbei,
vergangen
sind die glücklichen Tage der Zweisamkeit.
Was bleibt sind Erinnerungen
und Hoffnungen
an bessere Tage,
an ein neues Glück.

Ohne Schmerz
und Tränen.

Verfall

Die Dekadenz der Gesellschaft
für jedermann flagrant.
Die Plenipotenz der Exekutive
ist nicht tolerabel
denn darauf wird repliziert
mit Destruktion,
die niemals endet.

Warum

Langsam zerfließt unsere Liebe
in einem breiten, langen Fluss der Gleichgültigkeit
zerbröckelt das Fundament der Freundschaft
Ruinen bleiben zurück
nicht mehr neu aufzubauen
aus Schutt und losen Steinen.

Wie konnte es geschehen
Bei der uns ganz umgebenen, uns umhüllenden
                        absoluten Liebe?
Mit der Zeit ein Spiel des Windes geworden?
Ein Spiel der Gezeiten, die nicht entscheiden können
                        zwischen Ebbe und Flut?
Die vielen versteckten Selbstverständnisse
trieben uns wohl so weit.
Was konnte ich ihr nicht mehr geben,
was sie bei einem anderen suchte?
Muss ich mir Selbstvorwürfe auferlegen,
deren Abgründe so tief liegen, dass ich sie nicht
                        erreichen kann?
Zum Scheitern verurteilt, nicht mehr gut zu machende
                        tiefe Gräben zwischen uns.
Doch die Frage bleibt:
„Warum"

Vergessen

Traurig lasse ich meinen Blick
Über die Dächer der großen Stadt schweifen
Den Kopf voller Erinnerungen
An Sie
An eine Zeit
In der ich keine Traurigkeit kannte
In der ich wusste was Leben ist
doch die Realität holt mich wieder ein
Schon am nächsten Morgen
kommen neue Tränen
Da ich sie nicht vergessen kann

Geborgenheit

Wenn dein Lächeln
alle meine Sorgen
Erinnerungen werden lässt
weiß ich, du bist bei mir...

Wenn deine Hand die meine hält
und du mich nicht loslassen möchtest
weiß ich, du brauchst mich
wie auch ich dich brauche...

Spüre ich deine weichen Lippen
auf den meinen
weiß ich, du liebst mich
wie auch ich dich liebe...

Und das ist wundervoll...
Und ich fühle mich geborgen...

Vergangenes

Musik lässt mich träumen
Von uns beiden
Von der Vergangenheit
Wie unschuldig wir waren
Wie gutgläubig war ich
Wir haben verstanden zu Leben
Uns nicht verstanden
Verlernt zu verzeihen

Aufbruch

Tief brausen die
Erinnerungen
Erschütterungen des Ich
verlieren wir die Wirklichkeit
Schweben in das
Verderben
Verblassen unsere Triumphe
Eine neue Zeit
Brach ab
Und zu neuen Ufern
Nach rechts ins
Nichts
Ohne mich
Unbestechlich
von Dunkelheit

Alles Falsch

Wieder alles falsch
Allein stehe ich da
Mit dem Mond
Unter Sternen

Einsamkeit erdrückt
Lässt zweifeln
Verzweifeln

Worte zerschneiden
Die Nacht
Zerstören alle
Sehnsucht
Nach Dir

Selbst

Gewolltes Leiden
In endloser Melancholie
Dem Sinn
Entfremdet
Verfeindet
Jegliches Glück verspottend
Negativer Blick
Nach hinten

Kein Blick
Nach vorn

Schmerzliche Erfahrungen
Bestimmen das Handeln
Lassen
Ungerecht werden

Sommerfantasie ?

Das Gras
Zwischen den Fingern
Der weite Himmel
Deckt mich zu
Sommerdüfte in mir
Ein leichter Wind
Weht meine Gedanken
Zu Dir
Verleiht den Träumen
Flügel
Vielleicht bist du nur
Eine Sommerfantasie

Dumm

Zeichen nicht erkannt
Falsche Dinge benannt
Ich bin so dumm gewesen
Nehme einen Besen
Kehre die Scherben zusammen
Es bleiben
Tiefe Schrammen

Geschlagene Schlachten

Der Krieg ist vorbei
Die Schlachten geschlagen
Das Schlachtfeld
Ein Chaos
Es war alles erlaubt
Jedes Mittel recht
Beide wollten gewinnen
Wir beide verloren
Die Zukunft
Und uns
Leben im Niemandsland
Lecken unsere Wunden
Sie Seelen zerschunden
Was bleibt ist Hass
Und die Leere
Neben mir

Neue Horizonte

Neue Horizonte
Weit hinterm Berg
Wo träume noch leben
Klein wie ein Zwerg
Weit bin ich gegangen
Habe mich verfangen
Hoffnungslos vergeben
Um zu überleben
Habe gelogen
Und betrogen
Tagelang umhergezogen
Doch nichts gefunden

Verlebt

Das Wort
Verwundet die Seele
Der Blick
Tötet das Gefühl
Endlose Einsamkeit
Zu zweit
Endlos Weit
Das Innerste schreit
nach Liebe
Ein bisschen Geborgenheit
Sicherheit
Zärtlichkeit

Seele

In des tiefen Herzens Grunde
Liegt der Sinn des Lebens wohl
Zeugt doch diese schöne Kunde
Von unserer Seele leer und hohl

Verborgen, tief im Schatten
Des Verstandes tiefen Grab
Leben Gedanken wie die Ratten
Fristen ihr Leben furchtbar karg

Gelebtes Gefühl
Im Rausch des Seins
Tiefes Gewühl
Im Abgrund des Scheins

Trist

Die Zeit zerrinnt
Kaum warst du Kind
Ist die Jugend schon vorbei
Leben nur noch tristes Allerlei
Den Spaß längst verloren
das Geld zum wahren Gott erkoren
Es verging unsere Naivität
Für das Kindliche war es irgendwann einmal
Zu spät
Sind an einem Punkt
An dem es nicht mehr funkt
Nichts Neues mehr entsteht
Nichts mehr weitergeht
Alles stagniert
Menschlichkeit erfriert

Blick

Dein Blick
Gleitet an mir vorbei
Als stünde ich im Nichts
Nimmst mich nicht war
Läufst vorüber

Ich habe so viel zu sagen
Freue mich für Dich
Läufst vorüber
Doch erkennen willst du nicht
Vielleicht stehe ich im
Nichts

Ich verlasse den Raum
Unerträglich allein
Gehe, laufe, nein renne
Nur weg von diesem Ort
Was habe ich dir getan?

Gedanken rasen
Durch den Kopf
Verworren, verwirrt
Hilflos
Auf der Flucht vor Realität

Ich fühle so viel für Dich
versuche zu verdrängen
Das mein Warten vergeblich ist
Dass Du nichts empfindest für mich

Ein wunderschönes Grün
Der Wiese lädt ein
Sich niederzulegen
Und zu träumen
Von Zeiten
In denen Du mich bemerkst
Und nicht ins Nichts verbannst

Suche

Auf der Suche
Nach dem Wohin
Woher

Dem Weg des Lebens
Nicht weit gekommen
Und schon resigniert

Es gibt kein Ziel
Vielleicht keinen Weg
Ich gehe allein
Vorbei an aller Freude

Wohin?
Ich kann es nicht sagen

Woher komme ich eigentlich?

Versuche Wurzeln zu entdecken
Meine Ängste zu verstecken
Meinen Weg zu finden
Wohin er auch führt

Die Suche geht weiter

Pessimist

Das Leben quält die Seele
Und lässt keinen Platz
Für Sehnsucht
Nach mehr Gefühl

Jeder Tag eine Folter
Jede gelebte Stunde
Eine Stufe die einen näher bringt
Aufzugeben

Keinen Hunger nach Neuem
Verbrauchte Gefühle
Und leere Einsamkeit

Verwünsche den Tag
Der neue Zweifel schürt
Und mich ahnen lässt
Es wird noch schlimmer kommen.

Fort

Meine Geliebte fort.
Meine Sehnsucht brennt.

So weit wie nie
So allein wie nie
So einsam....

Warum bist Du fort.
Ließt mich hier zurück
Mit meiner Einsamkeit
Kalt und Tod

Grausam
viel grausamer....

Vergebens

Ich vegetiere dahin
Mein Leben
Sinnlos

Ohne Dich
Deine Nähe
Deine Zärtlichkeit

Mich längst aufgegeben
Dir vergeben
Vergebens.

Du willst mich nicht sehen
Sagtest ich soll gehen
Vergebliches flehen

Verloren
Verlassen

Herbstwinde

Der Herbst mit seiner Trauer
Die er stolz auf seinen Blättern trägt
Kommt und verdirbt unsere Träume
Vom ewigen Leben
Herbstwinde wehen in unseren Herzen
Wirbeln alles durcheinander
Nichts so wie es war
Erneuern unsere Wünsche

Ein Sturm weht kalt und nass
Bringt Erinnerung und Gewesenes
Lässt die Gegenwart verblassen
Es vereist unsere Welt

Autobahn

Wir haben uns verbraucht
Gehen aneinander vorbei
Sehen nur unsere kleine
Welt
Unsere Schatten
Die Wege lagen vor uns
Klar
Deiner vor Dir
Meiner vor mir
Eine endlose Autobahn
Ohne Kreuzung
Ohne Abfahrt
Ohne Chance

Deine Worte

Ohne dich kann ich nicht Leben
Waren einmal deine Worte

Bist Du gegangen
Um zu sterben?

Ich werde dich nie verlassen
Waren deine Worte

Ist jetzt
das nie?

Ich werde dich ewig lieben

Worte....

Gewesenes

Traurig
Senkt sich langsam
Der sanfte Schleier
Von Vergessenheit
Über uns
Lässt uns ewig werden
Im Nichts
Der langen Nächte
Und grausamen Tage
Die uns nichts mehr gaben

Spielzeug

Ich möchte dich berühren
Möchte dich spüren
Dich verführen
Aber du bist unnahbar
Distanziert
Lässt mich spüren
Das ich nur ein weiteres
Spielzeug bin
Das man mag
Und achtlos in die Ecke wirft
Wenn Gewohnheit
Zur Gleichgültigkeit wird

Hinunter

Mein Verstand
Wehrt sich
Gegen Dich
Entgleitest
Entgleist
Hoch über dem Asphalt
Ohne Halt
Hinunter in die Freiheit
Eskaliert
Eklatant
Mein
Weltuntergang

Ehrlichkeit

Wir halten uns
Wir berühren
    spüren uns
        tanzen
Ich versuche Gespräche
Du versuchst ein Lächeln
        etwas
    ist zwischen uns
Kein Gespräch
        Ein Monolog
  kein Lächeln
        Ein Grinsen
Dabei wollte ich
      nur
Ehrlich sein

Eden

Wir ersticken an Freiheit
Verblöden an Demokratie
Verlernen den Widerstand
Verlieren die Wahrheit

Wir wollen immer mehr
Bekommen nie genug
Zufriedenheit verkommt
Nichts ist Gut

Konsumzwang
Desinteresse
Reihen uns ein
In die Masse
Rennen mit ihr
Gegen den Strom verpönt
Hinaus aus Eden

Blick nach vorn

In den Erinnerungen ersticken
In den Bildern verstricken
Die schlaflose Zeit
Geträumt
Von Zweisamkeit
Was bleibt
Ist Einsamkeit

Leere in den Gedanken
Ideale wanken
Woran gestern geglaubt
Heute geraubt
Nicht mehr getraut
Die Zukunft verbaut
Und im Zorn
Den Blick verloren
Den Blick nach vorn

Müde

Ich werde Müde
Mich zu mühen
Mir meine Einsamkeit zu verdienen
Kann mich an das verlieren
Schwer nur gewöhnen

Das ewige Nein

Ein neuer Schritt nach vorn
Ist ein neuer Verlust
Lerne nicht
Ein Loser zu sein

Bin so Müde geworden

Paradies

Gewalt
Und Tod
Flimmern an mir vorbei
Täglich
Alltäglich
Elend und Leid
Abgestumpft
Brutalität und Krieg
Denn ich bin weit weg
Mit den Gedanken
Träume
Mir ein neues Paradies

Nichts

Das Nichts im Kopf
Den Verstand verbraucht
Sinne benebelt
Nur wegen Dir

Nichts gefunden
Gesucht
Und nichts

Nur leere im Hirn
Nicht einmal
Du
Vorhanden
Wie durch Milchglas
Die Bilder
Ohne Erklärungen
Keine Texte
Alles leer
Wer bin ich nur?

Jagdzeit

Die Dunkelheit beginnt
Mich einzulullen
Zu umhüllen
Sanft
Und verspricht Sicherheit
In der Dämmerung
Ein letzter Hauch
Vom Leben
Der Kauz
Rüstet sich für die Nacht
Für die Jagd
Die vielleicht
Niemals enden wird

Karussell

Wir drehen uns
Im Karussell des Lebens
Hinauf
Hinab
Berg und Tal
Mal Spaß
Mal wird uns übel
Und wir fahren immer schneller
Wo kommen wir an?

Wenn

Wenn Du offene Arme erwartest
Und Fäuste findest
Wenn Du gerne feierst
Und immer allein
Wenn Du versuchst zu gehen
Und dann stolperst

… dann fragst Du Dich zu recht
Wofür lebe ich?

Wenn Du liebst
Und Gleichgültigkeit deine Träume zerstört
Wenn Du glücklich sein möchtest
Und Trauer dich befällt
Wenn Du Geborgenheit suchst
Und Kälte dich erwartet

… dann fragst Du Dich zu recht
Wofür lebe ich?

Wenn Du drohst unterzugehen
Und niemand Dich hält
Wenn Du Fehler machst
Und keiner Dir verzeiht
Wenn du immer verlierst
Und keiner dich tröstet

… dann fragst Du Dich
Wofür lebe ich?

Und ich sage Dir ich habe keine Antwort
… und ich frage mich

Wieso ich?

Verlorenes

Ich suche in mir
Ich suche bei Dir
Ich suche bei meinen Freunden
Ich renne durch Straßen

Ich frage Menschen
Ich stelle alles auf den Kopf
Zuletzt
Gehe ich in das Fundbüro
Doch
Man kann mir nicht helfen

Ich habe meine Träume verloren

Stille Gewalt

Schweigen
Wie Folter
Ignorierend gelebt
Zweifel gebaut
Ausgenutztes Vertrauen
Vergebens gemüht
Zu gefallen
Gefallen
Haltlos
Ohne Hilfe
Kapituliert

Kino

Ein verblasster Traum
Zeigt mir Liebe
Die schon lange nicht mehr lebt
Zeigt mir Bilder
Die lang schon vergilbt
Die Leinwand war leer
Bevor der Film zu Ende war
Und zeigt mir nichts mehr
als
Grau

Rose

Du bist wie eine Blume,
wie eine Rose,
zart und fein!

Doch Gleichgültigkeit
lässt Dornen wachsen,
die mich verletzen.

Neuanfang

Langsam halt ich
die Ampel springt gerade auf Rot
und wir haben uns nichts mehr zu sagen.
Vorhersehbar wie das
Grün,
Orange,
Rot
der Ampel.
Du warst so leicht zu durchschauen.
Hereingefallen bin ich trotzdem.
Gemerkt habe ich es zu spät.
Nun sitzen wir nebeneinander,
starren geradeaus.
Die Stille,
lässt uns das Trommelfell platzen.
Als du von Neuanfang sprachst,
musste ich lächeln,
als du sagtest, dass du dich ändern würdest,
konnte ich nur noch weinen.
Orange.

Es gibt keine Hoffnung,
keine Perspektive mehr.
Grün,
und ich fahre ohne dich weiter
in eine ungewisse Zukunft.
Freiheiten die ich lange nicht kannte,
wollen neu gelebt werden.
Neue Ziele gesucht,
und neue Inspirationen gefunden.
Es ist besser so
Für dich.
Für mich !

Ende einer Beziehung

Wir sitzen uns gegenüber
und werfen uns Worte zu,
zusammenhanglos,
und fad!

Sehen uns nicht in die Augen,
sind unnahbar
und kühl.

Es gibt nichts mehr,
was wir uns noch zu sagen hätten.
Und doch reden wir,
versuchen verzweifelt,
einen Weg zu finden.

Dass der Versuch gescheitert ist,
merken wir erst spät
und so trennen wir uns
ohne ein Wort.

Und das soll alles gewesen sein??

Eine Wolke

Eine Wolke am Himmel,
sonst ist er blau,
wohin ist die des Weges?
Ich noch lang nach ihr schau.

Die Wolke bist du,
ohne dich ist es leer.
Wohin du auch treibst,
ich seh´hinterher.

Regen

Wie in Zeitlupe
beobachte ich einen Regentropfen,
der versucht,
der Schwerkraft zu widerstehen.
Zwei, drei Male,
wehrt er sich erfolgreich,
doch dann gibt er auf,
sich geschlagen.
Langsam löst er sich
und fällt,
doch bevor er in einer
großen Pfütze verloren geht,
wird er aufgehalten,
von einem Mauervorsprung.
Der Tropfen gesellt sich zu anderen,
und sie bilden einen kleinen Bach
der in die Unendlichkeit,
in die Ferne trägt.
Kann Liebe schöner sein?

Kaltes Hamburg

Träumend sitze ich hier vor einem Foto,
sehe mir die Palmen und den Strand an,
spüre die Wärme der imaginären Sonne.
Doch wenn ein Blick sich hebt,
und ich aus dem Fenster sehe,
über die weißen Dächer meiner Stadt,
finde ich mich in der Wirklichkeit wieder.
Draußen schneit es schon seit Stunden,
langsam schweben die Flocken herunter,
bedecken Straßen und Plätze.
Vermummte Menschen,
die versuchen schnell wieder ins Warme zu kommen,
Kinder, die im Schneematsch der Großstadt spielen,
dies alles macht mir bewusst,
das doch Winter ist.
Und ich versuche ihm zu entkommen,
suche Zuflucht bei Bildern des letzten Sommers.
Träume weiter von Wärme und Sonne,
von braun gebrannten Menschen,
die sich in der Sonne aalen,
und nehme den leichten Geruch von Sonnencreme war.
Dann Träume ich,
Bis zum nächsten Erwachen,
im kalten Hamburg

Erinnerungsfetzen

Fetzen durchzucken meine Gedanken
Wie Blitze in einem Sommergewitter

Der durchdringende Geruch deiner Haut
Steigt in meine Nase als stündest du neben mir

Du sagtest da sind lange schon keine Gefühle mehr
Ausgefühlt, keine Schmetterlinge fliegen mehr

Doch ich ertrinke in meinen Gefühlen für dich
Ohne dich bin ich nur eine leere Hülle

Warum konntest Du mich nicht mehr lieben

Und ich erinnere mich an den Eichbaumsee
An ein Frühstück in Lübeck
Paris, New York
Zweisamkeit

Und ich erinnere mich an eine Parkbank in der Nacht
Und an Tränen und Hoffnung
Im Ohr „Forever Love"

Und so fest ich auch versuche diese Erinnerungen
Hinter mir zu lassen
Es will nicht gelingen.
Eingebrannt
Wie Blitze in einem Sommergewitter

Wiedersehen

Du stehst vor mir,
nach all der Zeit,
bist genauso hübsch wie damals,
    genauso süß.
Habe mir so viele Worte
zurechtgelegt für dich,
im Falle eines Wiedersehens.
Doch jetzt
sind sie bedeutungslos,
denn dein niederschmetterndes „Hallo",
das du mir vor die Füße wirfst,
ist deine einzige Reaktion.
Wie konnte ich nur glauben,
dass ich dir noch etwas bedeute?
Und so bleibt von allen Worten,
die ich für dich hatte,
nur noch ein bitteres
„Hey".

Und dann gehen wir weiter unsere Wege,
als wäre nichts geschehen......

So viele Worte.....

Inhalt:

Einsamkeiten   1

Freiheit   2

Kampf   3

Nur Dich..   4

Vorbei   5

Traue Dich   6

Alles Anders   7

Und Nun?   8

Die Zeit   9

Vergangene Zeiten   10

Morgens   11

Auf dem Weg   12

Kino   13

Schlussstrich   14

Einsam   16

Ich sehe Menschen   17

Distanz   18

Gefunden   19

Lächeln   20

Und das Leben geht weiter...   21

Was fehlt ?   22

Innere Ruhe   23

Schritte   24

Fesseln   25

Leben   26

Neue Wege   27

Endpunkt   30

Heimweg   32

Furcht   34

Das Glück   35

Eine Wolke   36

Der Baum   37

Sommer   38

Herbst   38

Winter   39

Frühling   39

Kalte Nacht !   40

Sommernachtstraum   41

Ein Neues Leben   42

Verfall   43

Warum   44

Vergessen   45

Geborgenheit   46

Vergangenes   47

Aufbruch   48

Alles Falsch   49

Selbst   50

Sommerphantasie ?   51

Dumm   52

Geschlagene Schlachten   53

Neue Horizonte   54

Verlebt   55

95

Seele   56

Trist   57

Blick   58

Suche   60

Pessimist   61

Fort   62

Vergebens   63

Herbstwinde   64

Autobahn   65

Deine Worte   66

Gewesenes   67

Spielzeug   68

Hinunter   69

Ehrlichkeit   70

Eden   71

Blick nach vorn   72

Müde   73

Paradies   74

Nichts   75

Jagdzeit   76

Karussell   77

Wenn   78

Verlorenes   80

Stille Gewalt   81

Kino   82

Rose   83

Neuanfang   84
Ende einer Beziehung   86
Eine Wolke   87
Regen   88
Kaltes Hamburg   89
Erinnerungsfetzen   90
Wiedersehen   92